W0200102

Macarons

für Anfänger

Rezepte, Texte und Fotos
von

Aurélie Bastian

südwest

Ah les Macarons, quels délices!

«Macarons sind kleine Köstlichkeiten aus Frankreich. Sie sind bunt, weich, cremig, lecker, in einem Wort: verführerisch!»

Mein erstes Erlebnis waren Vanille-Safran-Macarons von Pierre Hermé. In diesem Pariser Tempel der Macarons hatte ich mir eine Schachtel unverschämt leckerer Macarons gegönnt. Die Auswahl damals war dort riesig, über 10 Sorten. Lustig, wenn man es mit heute vergleicht, wo jeder zwischen 20 bis 25 verschiedene Macaronskreationen in seinem Sortiment anbietet.

Angefangen hat es mit Schokoladen-, Vanille-, Kaffee- und Himbeermacarons. Aber langsam sind sie in Frankreich ein Trend geworden und das Angebot wurde größer. Auf einmal gab es Pistazien- und Zitronen- und sogar Rosenmacarons. Es war immer ein bisschen wie eine Entdeckung, neue Sorten naschen zu können.

Als ich 2006 nach Deutschland gekommen bin, habe ich sie überall gesucht und selbstverständlich nirgendwo gefunden. Jedesmal, wenn ich in Frankreich war, habe ich sehnsüchtig in Patisserien geschaut, ob es neue Sorten gab. Ich war macaronsüchtig geworden! Diese kleinen Stückchen Himmel aus Zucker und Mandeln waren so zart und geschmackvoll, dass kein Stück Kuchen oder Petit-four sie ersetzen konnte.

Zurück in Deutschland versuchte ich, diese sehr schwierigen Macarons nachzubacken. Es war nämlich nicht einfach: mit zwei Backblechen übereinander, mit Zuckersirup, der bis 120 °C kochen sollte, und eine ewig lange Wartezeit ... alles viel zu aufwändig. Und das Ergebnis war längst nicht wie bei den Pâtissiers.

Ich habe also lange, lange ... sehr lange an einem einfachen Rezept mit einfachen Zutaten gearbeitet, denn ich wollte Macarons wie in Frankreich, die immer gelingen. Bis eines Tages (es war eigentlich sehr spät abends) die Lösung vor mir stand, besser gesagt: in meinem Backofen lag. Ab dann konnte ich meiner Fantasie freien Lauf lassen, mit Gewürzen, Früchten, Farben, Dekorationen und Formen wurden meine Macarons zu kleinen Kunststücken.

Mittlerweile sind Macarons hierzulande ebenfalls Mode geworden. Sie sind chic, originell, außergewöhnlich und zum „Beißen" schön. Von Weiß bis Schwarz, mit oder ohne Dekoration, alles ist erlaubt. Ein bisschen wie in der Modebranche gibt es wechselnde Kollektionen, aber nicht von Dior oder Chanel, sondern aus der Küche!

Der Geschmack soll überraschen, nicht zu süß sein und mit verschiedenen Texturen spielen. Eine echte Kunst für sich. Macarons sind für mich konzentriertes Vergnügen.

Wenn Sie mehr über mich und meine Rezepte wissen möchten, besuchen Sie mich doch auf meinem Blog unter www.franzoesischkochen.de.

Ich hoffe, Sie werden aus meinem Buch viele Rezepte zaubern und genießen.

Ich wünsche Ihnen viel Spaß beim Backen und bon „macaronnage".

Ihre Aurélie

Inhalt

Das brauchen Sie

Für die Herstellung der Macaronschalen

Geräte

- 1 Backblech mit Backpapier
- digitale Waage
- 1 Esslöffel
- Zerkleinerer (z. B. Moulinette), eine elektrische Kaffeemühle geht auch
- 1 feines Sieb
- Schüsseln
- Handmixer mit Rührbesen
- 1 Teigschaber
- 1 Spritzbeutel mit Lochtülle, als Ständer hierfür ein hohes Glas

Zutaten

- gemahlene Mandeln
- Puderzucker
- Eiweiß
- Zucker
- Lebensmittelfarbpaste oder -pulver, keine flüssige Farbe

Für die Herstellung der Ganache

Geräte

- digitale Waage
- 1 kleiner Topf + 1 Schüssel (wenn Sie auf dem Herd arbeiten)
- oder 1 kleine Schüssel (wenn Sie die Schokolade in der Mikrowelle schmelzen)
- 1 Schneebesen
- 1 Teigschaber
- Spritzbeutel mit Sterntülle, als Ständer hierfür ein hohes Glas

Zutaten

- frische Sahne
- Schokolade (keine Kuvertüre!)

Die 7 goldenden Regeln des Macaronbackens

1

Lernen Sie Ihren Backofen kennen!

2

Mischen und mahlen Sie die gemahlenen Mandeln und den Puderzucker zu ganz feinem Mehl!

3

Geben Sie das Mandel-Zucker-Mehl durch ein Sieb!

4

Benutzen Sie Paste oder Pulver, um die Macaronschalen zu färben!

5

Wiegen Sie das Eiweiß!

6

Geben Sie die Eiweißmasse für die Macarons mit einem Spritzbeutel mit Lochtülle auf das Blech!

7

Nehmen Sie sich Zeit und haben Sie Geduld!

Basis-
REZEPT

Macaronschalen nach Aurélie

«Recette de base des macarons d'Aurélie»

Für ca. 20 Stück

Für die Schalen

- 45 g gemahlene Mandel
- 75 g Puderzucker
- 36 g Eiweiß (ca. 1 Ei der Größe M), das Ei sollte mindestens 5 Tage alt sein
- 10 g Zucker (ca. 1 EL)
- Lebensmittelfarbpaste oder -pulver (flüssige Farbe geht nicht)

Wiegen Sie zunächst alle Zutaten ab, stellen Sie sich die Geräte zurecht (siehe Seite 10) und legen Sie Ihr Backblech mit Backpapier aus. Um wirklich schöne runde Macarons zu bekommen, können Sie eine 2-€-Münze nehmen und damit Kreise auf das Backpapier zeichnen.

1 Zuerst werden die gemahlenen Mandeln und der Puderzucker noch feiner gemahlen und gut vermischt: Dafür je 1 EL der beiden Zutaten in den Zerkleinerer geben und gut mixen. So nach und nach Mandeln und Puderzucker verarbeiten.

2 Dieses Mandel-Puderzucker-Mehl wird nun durch ein feines Sieb gegeben – es muss anschließend ein sehr, sehr feiner Puder sein (gröbere Stückchen kommen wieder in den Zerkleinerer).

3 Das Eiweiß mit dem Handmixer schlagen.

4 Wenn es anfängt schaumig zu werden, den Zucker dazugeben und weiterschlagen.

5 Wenn die Masse schön weiß ist, mit einem Löffelstiel oder der Messerspitze etwas von der Lebensmittelfarbe einarbeiten und weiterschlagen, bis ein fester Eischnee entstanden ist.

6 Das Mandel-Puderzucker-Mehl wird nun in 3 Portionen mit der Eiweißmasse verrührt: Dafür ⅓ des Mandel-Puderzucker-Mehls zur Eiweißmasse geben

7 und mit einem Teigschaber in gleichmäßigen runden Bewegungen vollständig unterrühren.

8 Dann das zweite und das dritte Drittel ebenso unterheben. Der Eischnee wird dabei wieder etwas weicher. Die entstehende Masse soll nicht zu flüssig und auch nicht zu fest sein.

9 Die Masse in einen Spritzbeutel mit Lochtülle füllen.

10 Auf das Backblech kleine Kreise spritzen (ca. 2,5 cm Durchmesser), dabei einen Abstand von ca. 3 cm lassen. Dann die Macaronschalen für 15 bis maximal 30 Minuten ruhen lassen. Heizen Sie den Backofen auf 150 °C Ober- und Unterhitze vor.

In der Zwischenzeit die Ganache bereiten.

11 Nach der Ruhezeit die Macaronschalen für 14 bis 15 Minuten auf der mittleren Schiene des Backofens bei 140 bis 145 °C Ober- und Unterhitze backen.

12 Das Blech aus dem Ofen holen und das Backpapier mit den Schalen vorsichtig auf die Arbeitsfläche ziehen. Wenn die Schalen abgekühlt sind (das dauert ca. 5 Minuten), lösen Sie sie vorsichtig von dem Backpapier und drehen Sie sie um, damit die Füßchen besser trocknen können. Lassen Sie sie aber nur kurz auf der zarten Schalenoberfläche liegen, da diese sonst leidet. Drehen Sie sie daher wieder auf die Füßchen.

13 Jetzt die Ganache noch einmal kräftig umrühren und in den Spritzbeutel mit Sterntülle füllen.

14 Dann jeweils zwei gut zueinander passende Schalen suchen. Die Creme mit einem Spritzbeutel auf die Unterseite einer Schale geben und die zweite Schale mit einem kleinen Dreh daraufsetzen.

15 Nun sollten die Macarons noch für 4 Stunden in den Kühlschrank, damit sich die Aromen von Schale und Füllung gut miteinander verbinden können. Dann sind sie perfekt zum Vernaschen.

Basis-
REZEPT

Ganache - Pariser Creme

«Recettes de base pour la ganache»

Für ca. 20 Stück

Für Zartbitter-Ganache

- *100 g Zartbitterschokolade, in kleinen Stücken*
- *100 ml frische Sahne*

Für Vollmilch-Ganache

- *100 g Vollmilchschokolade, in kleinen Stücken*
- *40 ml frische Sahne*

Für weiße Ganache

- *100 g weiße Schokolade, in kleinen Stücken*
- *50 ml frische Sahne*

Die Ganache ist eine französische Erfindung, sie wird auch Pariser Creme genannt. Angeblich geht ihre Entstehung auf den Fehler eines Konditorlehrlings zurück, der - es passierte 1850 in Paris - versehentlich heiße Milch auf Schokolade gegossen hatte.

Und so einfach geht es

Um eine stabile Ganache zu bekommen, müssen Sie unbedingt Schokolade (keine Kuvertüre) nehmen und frische Sahne aus dem Kühlregal (keine H-Sahne).

Sie können die Schokolade vorsichtig in der Mikrowelle schmelzen und die ebenfalls in der Mikrowelle erwärmte Sahne dazugießen. Sie können aber auch die Sahne auf dem Herd erwärmen und zu den Schokoladenstückchen in eine Schüssel gießen.

1 Die Sahne erhitzen (nicht kochen) und über die Schokolade gießen.

2 Beides mit dem Schneebesen kräftig miteinander verrühren,

3 ... und rühren,

4 ... bis eine glatte, gleichmäßige Masse entstanden ist.

5 Die Ganache abdecken und für 30 bis 45 Minuten in den Kühlschrank stellen. Danach noch einmal mit einem kleinen Schneebesen kurz, aber kräftig durchrühren und mit einem Spritzbeutel oder Löffel auf die Macaronschalen geben.

Schokoladenmacarons

«Macarons au chocolat»

Für ca. 20 Stück

Für die Schalen

- *siehe Rezept Seite 12*
- *1 EL Kakaopulver*

Für die Ganache

- *100 g frische Sahne*
- *100 g Zartbitterschokolade, in kleinen Stücken*

Macaronschalen

Die Schalen werden nach dem Basis REZEPT S. 12 zubereitet. Zusätzlich brauchen Sie 1 EL Kakaopulver. Der Kakao wird zusammen mit dem Mandel-Puderzucker-Mehl gemischt und gesiebt.

Zartbitter-Ganache

1. Die Sahne erhitzen, auf die Schokolade gießen und die Mischung schön verrühren, bis sich Schokolade und Sahne vollständig vermischt haben.
2. Die Ganache abdecken und 30 bis 45 Minuten im Kühlschrank abkühlen und fest werden lassen.
3. Danach die Masse mit einem Schneebesen kurz, aber kräftig schlagen, bis sie etwas heller und cremig-dickflüssig ist.
4. Jetzt die Ganache in einen Spritzbeutel (34 cm) mit Sterntülle (7 mm) geben und die Schalen damit füllen.

In diesem Rezept werden die Macarons mit Zartbitterschokolade zubereitet, Sie können aber genauso gut Vollmilchschokolade verwenden. Für die Vollmilch-Ganache nehmen Sie 100 g Vollmilchschokolade und nur 40 g frische Sahne.

Für das Foto habe ich die Macaronschalen, wenige Minuten nachdem sie aus dem Backofen kamen, vorsichtig mit einem Spieß durchstochen. Nachdem ich den Spieß wieder herausgenommen habe, habe ich die Schalen ein paar Minuten abkühlen lassen. Dann habe ich sie mit der Ganache gefüllt und wieder aufgespießt. So entstand mein schöner Rhabarbermacarons-Strauß!

Rhabarbermacarons

«Macarons à la rhubarbe»

Für ca. 20 Stück

Für die Schalen

- *siehe Rezept Seite 12*
- *rote Lebensmittelfarbe*

Für die Ganache

- *50 g geschälter Rhabarber*
- *20 g frische Sahne*
- *100 g weiße Schokolade, in kleinen Stücken*

Macaronschalen

Die Schalen werden nach dem BasisREZEPT S. 12 zubereitet. Zum Färben nehmen Sie rote Lebensmittelfarbpaste oder -pulver.

Rhabarber-Ganache

1. Den Rhabarber klein schneiden und mit 1 EL Wasser kochen, bis er ganz weich ist (schneller geht es in der Mikrowelle).
2. Den Rhabarber durch ein Sieb drücken, um ein fadenloses Obstpüree zu bekommen. 30 g von dem Püree abmessen und mit der Sahne erhitzen.
3. Die heiße Fruchtsahne über die Schokolade gießen und alles gut verrühren, bis eine gleichmäßige Creme entstanden ist.
4. Die Ganache abdecken und jetzt noch 30 bis 45 Minuten im Kühlschrank abkühlen und fest werden lassen.
5. Dann mit einem Schneebesen kurz, aber kräftig schlagen, bis sie etwas heller und cremig-dickflüssig ist.
6. Die Ganache in einen Spritzbeutel (34 cm) mit Sterntülle (7 mm) geben und die Schalen damit füllen.

Diese Ganache ist die Basis-Obstganache. Sie können sie mit allen Obstsorten herstellen.

Vanillemacarons

«Macarons à la vanille»

Macaronschalen

Die Schalen werden nach dem BasisREZEPT S. 12 zubereitet. Zusätzlich brauchen Sie das Mark ½ Vanilleschote, das Sie zum Eiweiß geben und mitschlagen.

Vanille-Ganache

1 Die Vanilleschote der Länge nach aufschneiden und das Mark herauskratzen. Das Vanillemark zusammen mit der Sahne erhitzen und auf die Schokolade gießen.

2 Das Ganze gut verrühren, bis die Masse gleichmäßig glatt und cremig ist.

3 Die Ganache abdecken und 30 bis 45 Minuten im Kühlschrank abkühlen und fest werden lassen.

4 Danach die Masse mit einem Schneebesen kurz, aber kräftig schlagen, bis sie etwas heller und cremig-dickflüssig ist.

5 Die Ganache in einen Spritzbeutel (34 cm) mit Sterntülle (7 mm) geben und die Schalen damit füllen.

Für ca. 20 Stück

Für die Schalen

- *siehe Rezept von Seite 12*
- *Mark ½ Vanilleschote*

Für die Ganache

- *½ Vanilleschote*
- *45 g frische Sahne*
- *100 g weiße Schokolade, in kleinen Stücken*

Pistazienmacarons

«Macarons à la pistache»

Für ca. 20 Stück

Für die Schalen

- *siehe Rezept Seite 12*
- *grüne Lebensmittelfarbe*
- *2 EL gehackte Pistazien*

Für die Ganache

- *3 EL Pistazien*
- *50 g frische Sahne*
- *100 g weiße Schokolade, in kleinen Stücken*

Macaronschalen

Die Schalen werden nach dem BasisREZEPT S. 12 zubereitet. Zum Färben nehmen Sie grüne Lebensmittelfarbpaste oder -pulver sowie klein gehackte Pistazien zum Verzieren. Geben Sie die Pistazienstückchen kurz vor dem Backen auf die Hälfte der getrockneten Macaronschalen.

Pistazien-Ganache

1. Die Pistazien fein mahlen, mit der Sahne erhitzen, auf die Schokolade gießen und rühren, bis die Masse schön gleichmäßig cremig ist.
2. Die Ganache abdecken und 30 bis 45 Minuten im Kühlschrank abkühlen und fest werden lassen.
3. Dann mit einem Schneebesen kurz, aber kräftig schlagen, bis die Masse etwas heller und cremig-dickflüssig ist.
4. Jetzt die Ganache in einen Spritzbeutel (34 cm) mit Sterntülle (7 mm) geben und die Schalen damit füllen.

Haselnussmacarons mit Kaffeecreme

«Macarons noisette-café»

Für ca. 20 Stück

Für die Schalen

- *35 g gemahlene Haselnüsse*
- *60 g Puderzucker*
- *32 g Eiweiß*
- *5 g Zucker*
- *2 EL Kakaopulver*

Für die Ganache

- *100 g frische Sahne*
- *1 TL löslicher Kaffee*
- *100 g Zartbitterschokolade, in kleinen Stücken*
- *2 EL Haselnusskrokant (Fertigprodukt)*

Macaronschalen

1 Die Haselnüsse mit dem Puderzucker vermischen und portionsweise fein mixen. Anschließend durch ein feines Sieb geben, es muss ein ganz feiner Puder entstehen.

2 Das Eiweiß schlagen. Wenn es anfängt kleine Bläschen zu bilden, den Zucker dazugeben. Dann weiterschlagen, bis ein fester Eischnee entstanden ist.

3 Die Haselnuss-Zucker-Mischung dritteln und nacheinander jedes Drittel gleichmäßig mit einem Teigschaber unter den Eischnee heben und unterrühren. Der Teig muss dickflüssig sein.

4 Den Teig in einen Spritzbeutel mit Lochtülle (8 mm) geben und kleine Macaronschalen (2,5 cm Durchmesser) formen. Jetzt die Macarons leicht mit Kakao bestreuen und 30 Minuten (nicht länger!) ruhen lassen. Den Backofen auf 150 °C vorheizen.

5 Die Macarons im Backofen bei 140 bis 145 °C Ober- und Unterhitze 14 Minuten lang backen.

Statt der 100 g frischen Sahne können Sie auch 80 g frische Sahne und 2 EL frisch gebrühten Espresso (oder Ihren Lieblingskaffee) erhitzen und auf die Schokolade gießen. Probieren Sie diese Macarons auch einmal mit Kaffeesplittern: Geben Sie dafür statt des Krokants zerkleinerte Kaffeebohnen in die Ganache.

Kaffee-Ganache

1. Die Sahne mit dem löslichen Kaffee erhitzen, auf die Schokolade gießen und gut miteinander verrühren, bis die Masse gleichmäßig glatt und cremig ist. Dann den Krokant einrühren.
2. Die Ganache abdecken und 30 bis 45 Minuten im Kühlschrank abkühlen und fest werden lassen.
3. Dann mit einem Schneebesen kurz, aber kräftig durchschlagen, bis die Masse etwas heller und cremig-dickflüssig ist.
4. Jetzt in einen Spritzbeutel (34 cm) mit großer Sterntülle geben und die Schalen damit füllen. (Großes Foto auf Seite 4.)

Große Eis-Macarons

«Macarons glacés»

Für ca. 11 Stück

Für die Schalen

- *siehe Rezept Seite 12*
- *rote Lebensmittelfarbe*

Für die Füllung

- *säuerliche Eis- und Sorbetsorten (Fertigprodukt)*

Macaronschalen

Die Schalen werden nach dem BasisREZEPT S. 12 zubereitet. Allerdings bekommen die Macaronschalen hier einen Durchmesser von ca. 5 cm. Um gleichmäßige Macarons zu erhalten, können Sie auf dem Backpapier zunächst Kreise vorzeichnen. Zum Färben der Schalen nehmen Sie rote oder rosa Lebensmittelfarbpaste oder -pulver. Die Backzeit beträgt bei 145 °C Ober- und Unterhitze 17 bis 18 Minuten.

Eisfüllung

Die Macaronschalen werden mit Sorbet oder Eiscreme gefüllt. Selbstverständlich dürfen Sie Ihr Lieblingseis auswählen, aber säuerliche Eissorten wie Zitrone oder Johannisbeere eignen sich besser als süße Sorten.

Macarons mit Schokoladen-Minz-Creme

«Macarons menthe-chocolat»

Für ca. 20 Stück

Für die Schalen

- *siehe Rezept Seite 12*
- *grüne Lebensmittelfarbe*

Für die Ganache

- *2 Zweige frische Pfefferminze*
- *100 g frische Sahne*
- *100 g Zartbitterschokolade, in kleinen Stücken*

Macaronschalen

Die Schalen werden nach dem BasisREZEPT S. 12 zubereitet. Zum Färben nehmen Sie pfefferminzgrüne Lebensmittelfarbpaste oder -pulver.

Schoko-Minz-Ganache

1. Die Minzeblättchen vom Zweig abtrennen, in die Sahne geben und aufkochen.
2. Die Blätter herausnehmen, die heiße Sahne auf die Schokolade gießen und kräftig miteinander verrühren, bis die Masse gleichmäßig glatt und cremig ist.
3. Die Ganache abdecken und 30 bis 45 Minuten im Kühlschrank abkühlen und fest werden lassen.
4. Danach mit einem Schneebesen kurz, aber kräftig cremig schlagen. In einen Spritzbeutel (34 cm) mit Sterntülle (7 mm) geben und die Schalen damit füllen.

Ich habe die Macarons mit brauner Lebensmittelfarbe dekoriert. Einfach ein bisschen Farbe mit einem dünnen Pinsel nehmen und die gebackenen Macaronschalen damit bemalen.

Spekulatiusmacarons

«Macarons aux spéculos»

Für ca. 20 Stück

Für die Schalen

- *siehe Rezept Seite 12*
- *braune Lebensmittelfarbe*

Für die Ganache

- *2 Spekulatius-Kekse*
- *100 g weiße Schokolade, in kleinen Stücken*
- *50 g frische Sahne*

Macaronschalen

Die Schalen werden nach dem BasisREZEPT S. 12 zubereitet. Zum Färben nehmen Sie braune Lebensmittelfarbpaste oder -pulver.

Spekulatius-Ganache

1. Die Kekse zerkrümeln.
2. Die Sahne erhitzen und über die Schokolade gießen. Die Kekskrümel dazugeben und alles gut miteinander verrühren, bis eine gleichmäßige, cremige Ganache entstanden ist.
3. Die Ganache abdecken und 30 bis 45 Minuten im Kühlschrank abkühlen und fest werden lassen.
4. Danach mit einem Schneebesen kurz, aber kräftig schlagen, bis die Masse etwas heller und cremig-dickflüssig ist.
5. Die Ganache in einen Spritzbeutel (34 cm) mit großer Lochtülle geben und die Schalen damit füllen.

Sie können die Macaronschalen auch mit 1 TL Spekulatiusgewürz aromatisieren. Das Gewürz wird mit der Mandel-Zucker-Mischung in die Macaronmasse gegeben. Auch die Ganache können Sie statt mit Keksen mit ½ TL Spekulatiusgewürz aromatisieren. Wobei die Keksvariante meine Lieblingsganache ist – sie gibt ein bisschen Biss an die Macarons.

Aprikosenmacarons mit Rosmarin

«Macarons abricot-romarin»

Für ca. 20 Stück

Für die Schalen

- *siehe Rezept Seite 12*
- *orangefarbene und grüne Lebensmittelfarbe*

Für die Ganache

- *1 große Aprikose (oder 20 g Aprikosenpüree)*
- *30 g frische Sahne*
- *1 Rosmarinzweig*
- *100 g weiße Schokolade, in kleinen Stücken*

Macaronschalen

Die Schalen werden nach dem Basisrezept S. 12 zubereitet. Zum Färben nehmen Sie orangefarbene und grüne Lebensmittelfarbpaste oder -pulver. Beachten Sie die folgenden Änderungen zum Basisrezept:
bei Schritt 5: Die Eiweißmasse wird in zwei Portionen geteilt. Färben Sie eine Portion orange, die andere grün.
bei Schritt 9: Nach Einarbeitung des Mandel-Puderzucker-Mehls geben Sie jede Hälfte in einen eigenen Spritzbeutel (ich benutze hier am liebsten Einwegbeutel) und geben diese wiederum zusammen in einen großen Spritzbeutel (siehe Seite 68).

Aprikosen-Ganache

1. Die Aprikose schälen, klein schneiden und mit 1 TL Wasser weich kochen. Es sollten ungefähr 20 g Aprikosenpüree entstehen.
2. Die Sahne mit dem Rosmarinzweig aufkochen und 5 Minuten ziehen lassen. Den Rosmarin herausnehmen und die heiße Sahne auf die Schokolade gießen.
3. Das Aprikosenpüree dazugeben und alles cremig rühren, bis eine zauberhafte Ganache entstanden ist.
4. Die Ganache abdecken und jetzt noch 30 bis 45 Minuten im Kühlschrank abkühlen und fest werden lassen.
5. Dann mit einem Schneebesen kurz, aber kräftig schlagen, bis die Masse etwas heller und cremig-dickflüssig ist.
6. Die Ganache jetzt in einen Spritzbeutel (34 cm) mit Sterntülle (7 mm) geben und die Macaronschalen damit füllen.

Sie können statt der frischen Aprikose auch tiefgekühltes Obst oder gleich fertiges Obstpüree nehmen.

Apfelmacarons

«Macarons façon Tatin»

Macaronschalen

Die Schalen werden nach dem BASISREZEPT S. 12 zubereitet. Zum Färben nehmen Sie orangefarbene Lebensmittelfarbpaste sowie kupferfarbenes Lebensmittelfarbpulver. Die Schalen orange färben und vor dem Backen mit dem kupferfarbenen Puder bestäuben.

Apfelfüllung

1. Den geschälten Apfel in kleine Würfel schneiden und in einem Topf mit Gelierzucker, Wasser und der Prise Salz 5 Minuten köcheln.
2. Die Masse abkühlen lassen und mit einem Teelöffel in die Macaronschalen füllen.

Die Füllung kann man noch mit ½ TL Zimt oder ½ Sternanis aromatisieren.

Für ca. 20 Stück

Für die Schalen

- *siehe Rezept Seite 12*
- *orangefarbene Lebensmittelfarbe*
- *evtl. kupferfarbenes Farbpuder*

Für die Füllung

- *1 säuerlicher Apfel (Pink Lady oder Elstar)*
- *2 EL Gelierzucker 1:2*
- *3 EL Wasser*
- *1 Prise Salz*

Himbeermacarons

«Macarons à la framboise»

Für ca. 20 Stück

Für die Schalen

- *siehe Rezept Seite 12*
- *rote Lebensmittelfarbe*

Für die Creme

- *150 g Himbeeren*
- *100 g Gelierzucker 1:2*

Macaronschalen

Die Schalen werden nach dem BasisREZEPT S. 12 zubereitet. Zum Färben nehmen Sie rote Lebensmittelfarbpaste oder -pulver.

Himbeercreme

1. Die Himbeeren mit 2 EL Wasser kochen, bis sie weich sind. Dann durch ein Sieb streichen, sodass Sie ein kernloses Fruchtmark bekommen.
2. Dieses Fruchtmark mit dem Gelierzucker 3 Minuten kochen und dann 40 Minuten im Kühlschrank abkühlen lassen.
3. Nach der Kühlzeit sollte die Fruchtcreme eine Konsistenz wie eine Marmelade erreicht haben (falls sie noch zu flüssig ist, muss die Kühlzeit verlängert werden).
4. Die Fruchtcreme mit einem Teelöffel in die Macaronschalen füllen und die Macarons zusammensetzen.

Ich habe kleine Lutscherstiele in die Macarons gesteckt und sie nochmals 40 bis 45 Minuten im Kühlschrank ruhen lassen.

Zitronenmacarons

«Macarons tarte au citron»

Für ca. 20 Stück

Für die Baisers
- *1 TL Zitronenzesten von 1 Bio-Zitrone*
- *70 g Zucker*
- *1 Eiweiß*

Für die Schalen
- *siehe Rezept Seite 12*
- *gelbe Lebensmittelfarbe*

Für die Creme
- *1 Bio-Zitrone*
- *50 g Zucker*
- *25 g Butter*
- *½ EL Speisestärke*
- *1 Ei*

Baisers

Diese zitronenfrischen Macarons haben ein kleines, zartes Baiserkrönchen von mir bekommen. Da Baisers sehr langsam trocknen, empfiehlt es sich, mit ihnen anzufangen.

1. Schälen Sie für die Zesten die Schale der gewaschenen Zitrone ganz dünn ab, sodass keine weiße Haut daran haftet. Schneiden Sie die Schale in sehr kleine, feine Stückchen.
2. Mischen Sie Zucker, Eiweiß und Zesten und schlagen Sie die Masse 5 Minuten lang zu festem Eischnee.
3. Geben Sie den Eischnee in einen Spritzbeutel mit Lochtülle, spritzen Sie kleine spitze Baisers von ½ cm Durchmesser auf ein mit Backpapier ausgelegtes Backblech und lassen Sie sie 45 Minuten an der Luft trocknen. Heizen Sie den Backofen auf 90 °C Ober- und Unterhitze vor. Anschließend werden die Baisers 1 Stunde bei 90 °C gebacken.

Macaronschalen

Die Schalen werden nach dem *Basis*REZEPT S. 12 zubereitet. Zum Färben nehmen Sie gelbe Lebensmittelfarbpaste oder -pulver. Kurz bevor Sie die Macaronschalen in den Backofen schieben, platzieren Sie auf der Hälfte der Schalen ein kleines Baiser.

Zitronencreme

Diese Creme ist sehr empfindlich, deswegen darf man sie nur auf schwacher Stufe erhitzen und muss dabei ständig rühren. Sonst gerinnt das Ei und die Creme wird flockig.

1 Die Zitrone auspressen und den Saft mit Zucker und Butter in einem Topf bei schwacher Hitze erhitzen, bis sich der Zucker aufgelöst hat und die Butter geschmolzen ist.

2 3 EL von dieser Mischung nehmen und mit der Speisestärke verrühren. Dann wieder in den Topf geben und fleißig rühren, bis die Masse köchelt. Die Temperatur auf geringe Hitze runterschalten.

3 Das Ei mit einem Schneebesen verschlagen und in den Topf geben. Jetzt bei schwacher Hitze weiter mit dem Schneebesen schlagen, bis die Mischung schön cremig ist – das kann bis zu 15 Minuten dauern!

4 Die Zitronencreme mit Frischhaltefolie abdecken und 1 gute Stunde im Kühlschrank abkühlen lassen. Danach mit einem Löffel in die Schalen füllen.

Maracuja-Macarons

«Macarons chocolat-passion»

Macaronschalen

Die Schalen werden nach dem BasisREZEPT S. 12 zubereitet. Zum Färben nehmen Sie gelbe Lebensmittelfarbpaste oder -pulver. Zusätzlich brauchen Sie 1 EL Kakaopulver. Die Schalen direkt nach dem Backen mit dem Kakao bestäuben und abkühlen lassen.

Maracuja-Ganache

1. Die Maracujas aufschneiden, das Fruchtfleisch mit den Kernen in ein Sieb geben und durchdrücken, um den Saft zu bekommen.
2. Diesen Saft im offenen Topf kurz aufkochen, die Konsistenz wird dabei etwas sirupartig. Den Topf vom Herd nehmen und die Sahne und die Schokolade dazugeben und rühren, bis eine gleichmäßige cremige Masse entstanden ist.
3. Die Ganache abdecken und 30 bis 45 Minuten im Kühlschrank abkühlen und fest werden lassen.
4. Danach mit einem Schneebesen kurz, aber kräftig schlagen, bis sie etwas heller und cremig-dickflüssig ist.
5. Die Ganache in einen Spritzbeutel (34 cm) mit Sterntülle (7 mm) geben und die Schalen damit füllen.

Für dieses Rezept eignet sich auch Vollmilchschokolade. Die Ganache besteht dann aus 75 g Vollmilchschokolade, 10 g frischer Sahne und den beiden Passionsfrüchten. Statt der frischen Früchte können Sie auch 2 bis 3 EL Maracujasaft oder -smoothie nehmen. Dieser wird aber nicht aufgekocht, sondern nur mit der Sahne erhitzt.

Für ca. 20 Stück

Für die Schalen

- *siehe Rezept Seite 12*
- *gelbe Lebensmittelfarbe*
- *1 EL Kakaopulver*

Für die Ganache

- *2 Maracujas (Passionsfrüchte)*
- *20 g frische Sahne*
- *75 g Zartbitterschokolade, in kleinen Stücken*

Ispahan-Macarons

«Macarons Ispahan»

Für ca. 20 Stück

Für die Schalen

- *siehe Rezept Seite 12*
- *rote Lebensmittelfarbe*

Für die Ganache

- *30 g Himbeeren*
- *20 g frische Sahne*
- *100 g weiße Schokolade, in kleinen Stücken*
- *1 EL (15 ml) Rosenwasser (Apotheke)*
- *10 Litschis (frisch oder aus der Dose)*

Macaronschalen

Die Schalen werden nach dem BasisREZEPT S. 12 zubereitet. Zum Färben nehmen Sie rote oder rosafarbene Lebensmittelfarbpaste oder -pulver.

Rosen-Himbeer-Ganache

1. Die Himbeeren mit 1 EL Wasser weich kochen und durch ein Sieb passieren, um ein kernloses Fruchtmark zu erhalten.
2. Die Sahne erhitzen, auf die Schokolade gießen und gut verrühren, Rosenwasser und Himbeerpüree hinzugeben und gut verrühren, bis eine gleichmäßige, cremige Masse entstanden ist. (Schneller geht es, wenn Sie Sahne, Schokolade und Rosenwasser in der Mikrowelle kurz miteinander schmelzen lassen und dann das Himbeerpüree einrühren.)
3. Die Ganache abdecken und 30 bis 45 Minuten im Kühlschrank abkühlen und fest werden lassen.
4. Danach mit einem Schneebesen kurz, aber kräftig schlagen, bis sie heller und cremig-dickflüssig ist.
5. Die Ganache in einen Spritzbeutel (34 cm) mit Sterntülle (7 mm) geben. In die Mitte der Hälfte der Macaronschalen ½ Litschifrucht geben und mit Ganache ummanteln. Die Macarons zusammensetzen.

Ispahan ist eine seltene, rosafarbene Damaszener-Rose mit einem intensiven Duft. Die Komposition von Himbeer, Rose und Litschi ist der Versuch, diesem Duft einen ebenfalls einzigartig betörenden Geschmack entgegenzusetzen.

Rosenmacarons

«Macarons à la rose»

Für ca. 20 Stück

Für die Schalen

- *siehe Rezept Seite 12*
- *rote oder rosafarbene Lebensmittelfarbe*
- *zum Bemalen Zahnstocher und Pinsel*

Für die Ganache

- *45 g frische Sahne*
- *3 getrocknete, unbehandelte Rosenknospen*
- *100 g weiße Schokolade, in kleinen Stücken*

Macaronschalen

Die Schalen werden nach dem BasisREZEPT S. 12 zubereitet. Zum Färben nehmen Sie rote oder rosafarbene Lebensmittelpaste oder -pulver. Wenn Sie die Macarons wie auf dem Foto verzieren möchten, brauchen Sie noch einen Zahnstocher und einen feinen Pinsel sowie rote Farbpaste. Zeichnen Sie mit Zahnstocher und Farbpaste kleine Herzen auf die gebackenen Schalen. Malen Sie sie mit dem Pinsel aus und lassen Sie sie trocknen. Erst wenn alles trocken ist, werden die Schalen mit der Ganache gefüllt.

Rosen-Ganache

1. Die Sahne mit den Rosenknospen 2 Minuten lang erhitzen, vom Herd nehmen und 5 Minuten ziehen lassen.
2. Die heiße Sahne durch ein Sieb über die Schokolade gießen. Beides gut miteinander verrühren, bis eine glatte Creme entstanden ist.
3. Die Ganache abdecken und jetzt noch 30 bis 45 Minuten im Kühlschrank abkühlen und fest werden lassen.
4. Danach mit einem Schneebesen kurz, aber kräftig schlagen, bis die Masse heller und cremig-dickflüssig ist.
5. Die Ganache in einen Spritzbeutel (34 cm) mit Sterntülle (7 mm) geben und die Schalen damit füllen.

Die getrockneten Rosenknospen können Sie gut durch frische Rosenknospen aus dem Garten ersetzt, solange sie unbehandelt und essbar sind.

Champagnermacarons

«Macarons au Champagne»

Für ca. 20 Stück

Für die Schalen

- *siehe Rezept Seite 12*
- *sehr wenig rote oder rosafarbene Lebensmittelfarbe*
- *Goldpuder*

Für die Ganache

- *30 g frische Sahne*
- *100 g weiße Schokolade, in kleinen Stücken*
- *2 EL (15 ml) Champagner*

Macaronschalen

Die Schalen werden nach dem BasisREZEPT S. 12 zubereitet. Zum Färben nehmen Sie ein ganz klein wenig rote oder rosafarbene Lebensmittelfarbpaste oder -pulver. Die Schalen vor dem Backen mit Goldpuder bestäuben.

Champagner-Ganache

1. Die Sahne erhitzen, über die Schokolade gießen und beides gut miteinander verrühren. (Schneller geht es, wenn Sie Sahne und Schokolade in einer Schale in der Mikrowelle erhitzen.)
2. 2 EL Champagner dazugeben und die Mischung rühren, bis sie schön gleichmäßig cremig ist.
3. Dann nicht vergessen, die abgedeckte Ganache 30 bis 45 Minuten im Kühlschrank abkühlen und fest werden zu lassen.
4. Die Masse danach mit einem Schneebesen kurz, aber kräftig schlagen, bis sie etwas heller und cremig-dickflüssig ist.
5. Die Ganache in einen Spritzbeutel (34 cm) mit Sterntülle (7 mm) geben und die Schalen damit füllen.

Den Champagner nicht mit der Sahne und der Schokolade erhitzen, da er sonst an Geschmack verliert. Sie können nach diesem Rezept auch Macarons mit Sekt oder Likör zaubern.

Statt der Limette können Sie genauso gut eine Zitrone verwenden, oder probieren Sie doch auch mal eine Grapefruit.

Mojito-Macarons

«Macarons Mojito»

Macaronschalen

Die Schalen werden nach dem Basisrezept s. 12 zubereitet; mit folgenden Änderungen:
bei Schritt 5: Die Eiweiß-Zucker-Masse wird geschlagen, bis sie schön weiß ist. Dann wird die Masse halbiert. Eine Hälfte mit grüner Lebensmittelfarbe einfärben, den anderen Teil weiß lassen.
bei Schritt 9: Die weiße und die grüne Eiweißmasse jeweils in einen separaten Spritzbeutel geben. Mit der grünen Masse die Macaronschalen formen und die weiße Masse als Punkt in die Mitte spritzen.
bei Schritt 11: Geben Sie vor dem Backen auf jede Macaronschale ein kleines Pfefferminzblättchen.

Limetten-Ganache

1. Die Sahne erhitzen, auf die Schokolade gießen und beides gut miteinander verrühren.
2. Den Limettensaft dazugeben und die Mischung gleichmäßig cremig rühren.
3. Die Ganache abdecken und jetzt noch 30 bis 45 Minuten im Kühlschrank abkühlen und fest werden lassen.
4. Danach mit einem Schneebesen kurz, aber kräftig schlagen, bis sie etwas heller und cremig-dickflüssig ist.
5. Die Ganache in einen Spritzbeutel (34 cm) mit Sterntülle (7 mm) geben und die Macaronschalen damit füllen.

Für ca. 20 Stück

Für die Schalen

- *siehe Rezept Seite 12*
- *grüne Lebensmittelfarbe*
- *ca. 40 kleine Pfefferminzblättchen*

Für die Ganache

- *30 g frische Sahne*
- *100 g weiße Schokolade, in kleinen Stücken*
- *1 Limette (für ungefähr 15 ml Saft)*

Kokosmacarons mit Mango

«Macarons mangue-coco»

Für ca. 20 Stück

Für die Schalen

- *siehe Rezept Seite 12*
- *50 g Kokosraspel (statt der gemahlenen Mandeln)*
- *12 g Zucker (statt 10 g)*

Für die Ganache

- *1 kleine faserfreie Mango*
- *30 g frische Sahne*
- *100 g weiße Schokolade, in kleinen Stücken*

Macaronschalen

Die Kokosraspel zusammen mit dem Puderzucker im Zerkleinerer fein mixen und sieben. Es muss ein ganz feines Kokos-Zucker-Mehl entstehen. Dann die Schalen wie im Rezept von Seite 12 zubereiten, allerdings mit 12 g Zucker und ohne sie zu färben. Geben Sie vor dem Backen noch ein paar Kokosraspel auf die Macaronschalen.

Mango-Ganache

1. Wiegen Sie 30 g Mangofruchtfleisch ab und lassen Sie es mit 1 EL Wasser köcheln, bis die Mango ganz weich ist. Es sollen etwa 20 g Mangopüree entstehen.
2. Mangopüree und Sahne erhitzen und auf die Schokolade gießen. Alles gut verrühren, bis eine gleichmäßige Creme entstanden ist.
3. Die Ganache abdecken und 30 bis 45 Minuten im Kühlschrank abkühlen und fest werden lassen.
4. Die Masse dann mit einem Schneebesen kurz, aber kräftig schlagen, bis sie etwas heller und cremig-dickflüssig ist.
5. Die Ganache in einen Spritzbeutel (34 cm) mit Sterntülle (7 mm) geben und die Macaronschalen damit füllen.
6. Vom restlichen Mangofleisch 20 kleine Würfelchen abschneiden, in die Mitte der Ganache drücken und die Macarons zusammensetzen.

Bei diesem Rezept habe ich die Macarons mit Ganache gefüllt und jeweils ein kleines Stückchen frische Mango in die Mitte platziert. Das gibt eine besondere frische Note.

Macarons mit Ziegenfrischkäse

«Macarons au fromage frais»

Macaronschalen

Die Schalen werden nach dem BasisREZEPT S. 12 zubereitet. Zusätzlich brauchen Sie etwas grobes Salz, zum Beispiel Fleur de Sel, eine bestimmte Art von Meersalz. Streuen Sie kurz vor dem Backen ein bisschen davon auf die Hälfte der Schalen.

Ziegenkäse-Füllung

1. Den Ziegenfrischkäse glatt rühren und in einen Spritzbeutel (34 cm) mit Sterntülle (7 mm) geben. Die Macaronschalen damit füllen.
2. In die Mitte der Füllung ein kleines Stückchen Walnuss (Haselnuss, getrocknete Feige oder Aprikose) setzen und die Macarons zusammensetzen.

Sie können Ihre Macarons auch mit geräuchertem Lachs und Frischkäse füllen. Macarons mit einer salzigen Note eignen sich ganz wunderbar als Aperitif zu einem Glas trockenem Weißwein und passen auch perfekt für eine kleine Cocktailrunde.

Für ca. 20 Stück

Für die Schalen

- *siehe Rezept Seite 12*
- *grobes Meersalz*

Für die Creme

- *2 bis 3 EL milder Ziegenfrischkäse, zum Beispiel Chavroux*
- *Walnusskerne (oder Haselnüsse, getrocknete Aprikosen, Feigen)*

Sesammacarons

«Macarons au sésame»

Für ca. 20 Stück

Für die Schalen

- *siehe Rezept Seite 12*
- *braune oder beigefarbene Lebensmittelfarbe*
- *1 EL weiße Sesamkörner*

Für die Ganache

- *30 g frische Sahne*
- *100 g weiße Schokolade, in kleinen Stücken*
- *20 g schwarze Sesampaste (Tahin, ungesalzen)*
- *ca. 6 große Erdbeeren*
- *ca. 20 Basilikumblätter*

Macaronschalen

Die Schalen werden nach dem BasisREZEPT S. 12 zubereitet. Zum Färben nehmen Sie braune oder beigefarbene Lebensmittelfarbpaste oder -pulver. Zusätzlich brauchen Sie weiße Sesamkörner.
Die Macaronschalen beige färben und vor dem Backen die Hälfte der Schalen mit Sesam bestreuen.

Sesam-Ganache

1. Die Sahne erhitzen und auf die Schokolade gießen und verrühren. Die Sesampaste dazugeben und die Mischung schön verrühren, bis eine gleichmäßige Creme entstanden ist.
2. Die Ganache abdecken und 30 bis 45 Minuten im Kühlschrank abkühlen und fest werden lassen. Die Erdbeeren in 20 große Scheiben schneiden.
3. Die Ganache nach dem Kühlen mit einem Schneebesen kurz, aber kräftig schlagen, bis die Masse etwas heller und cremig-dickflüssig ist.
4. Mit einem Teelöffel die Hälfte der Ganache auf die Hälfte der Macaronschalen streichen. Je eine Scheibe Erdbeere und ein Basilikumblatt darauf platzieren. Dann noch etwas Ganache daraufstreichen und die Macarons zusammensetzen.

Statt fertige Sesampaste zu verwenden, können Sie 1 EL schwarzen Sesam in einem Mörser zu Paste zerreiben und diese verwenden.

Wasabi-Macarons

«Macarons au wasabi»

Für ca. 20 Stück

Für die Schalen

- *siehe Rezept Seite 12*
- *grünes Lebensmittelfarbpulver*

Für die Ganache

- *45 g frische Sahne*
- *1 kleiner TL Wasabi-Paste*
- *100 g weiße Schokolade, in kleinen Stücken*
- *kandierte Melone*

Macaronschalen

Die Schalen werden nach dem BasisREZEPT S. 12 zubereitet, jedoch nicht gefärbt. Das grüne Farbpulver wird erst vor dem Backen auf die Schalen gestäubt.

Wasabi-Ganache

1. Die Sahne mit dem Wasabi erhitzen und auf die Schokolade gießen. Die Mischung gleichmäßig cremig rühren.
2. Die Ganache abdecken und 30 bis 45 Minuten im Kühlschrank abkühlen und fest werden lassen.
3. Dann mit einem Schneebesen kurz, aber kräftig schlagen, bis die Masse etwas heller und cremig-dickflüssig ist.
4. Die Ganache in einen Spritzbeutel (34 cm) mit Sterntülle (7 mm) geben und die Hälfte der Macaronschalen füllen.
5. Auf die Ganache ein kleines Stückchen kandierte Melone legen und die Macarons zusammensetzen.

Kandierte Melonen findet man oft auf dem Wochenmarkt. Sie können aber auch kandierte Orangen- oder Zitronenschalen verwenden. Diese selbst zu machen, ist ganz einfach: Die Schale einer Orange (ohne die weiße Haut) einfach im offenen Topf mit 6 EL Zucker und 250 ml Wasser köcheln lassen, bis die Schale durchsichtig und der Sirup dickflüssig ist. Die Schalen aus dem Sirup nehmen und trocknen lassen.

Macarons mit Tonkabohne

«Macarons à la tonka»

Für ca. 20 Stück

Für die Schalen

- *siehe Rezept Seite 12*
- *gemahlene Tonkabohne*

Für die Ganache

- *1 Tonkabohne*
- *100 g frische Sahne*
- *100 g Zartbitterschokolade, in kleinen Stücken*

Macaronschalen

Die Schalen werden nach dem BasisREZEPT S. 12 zubereitet. Die Eiweißmasse wird aber nicht gefärbt. Kurz vor dem Backen können Sie ein wenig Tonkabohne auf die Schalen reiben.

Tonkabohnen-Ganache

1. Etwa $^1/_5$ der Tonkabohne mit einer Muskatreibe in die Sahne reiben (etwa so viel, wie Sie auch bei einer Muskatnuss verwenden würden).
2. Die Sahne erhitzen und auf die Schokolade gießen. Die Mischung schön verrühren, bis sich Schokolade und Sahne vollständig vermischt haben.
3. Die Ganache abdecken und jetzt 30 bis 45 Minuten im Kühlschrank abkühlen und fest werden lassen.
4. Danach mit einem Schneebesen kurz, aber kräftig schlagen, bis die Masse etwas heller und cremig-dickflüssig ist.
5. Die Ganache in einen Spritzbeutel (34 cm) mit Sterntülle (7 mm) geben und die Macaronschalen damit füllen.

Tonkabohnen sind die Samen einer südamerikanischen Hülsenfrucht, die heute auch viel in Afrika angebaut wird. Ihr Aroma ähnelt dem der Vanille.

Tonkabohnen enthalten wie Zimt Cumarin, das in größeren Mengen Kopfschmerzen verursachen kann. Daher sollten Tonkabohnen immer nur in kleinen Mengen als Gewürz benutzt werden. Man bekommt Tonkabohnen in Bio- und Feinkostläden.

Macarons mit Salzbutter-Karamell

«Macarons au caramel au beurre salé»

Macaronschalen

Die Schalen werden nach dem BasisREZEPT S. 12 zubereitet. Zum Färben nehmen Sie braune Lebensmittelfarbpaste oder -pulver.

Karamellcreme

1. Den Zucker in einer Pfanne bei schwacher Hitze schmelzen lassen. Wenn der Zucker beginnt, goldfarben zu werden, nach und nach die Butterstückchen mit einem Holzlöffel einrühren.
2. Die Sahne erhitzen und heiß in den Karamell gießen. Achtung! Spritzgefahr! 3 Minuten bei mittlerer Hitze mit dem Holzlöffel rühren und dann das Salz hinzufügen.
3. Den Karamell abkühlen lassen und mit einem Teelöffel in die Macaronschalen füllen. Da der Karamell nicht richtig fest wird, sollten Sie die Macarons gleich nach dem Füllen vernaschen.

Auf dem Foto sehen Sie die flüssig-cremige Konsistenz des Karamells. Natürlich esse ich die Macarons normalerweise nicht mit Sauce – aber für das Foto hat es sich doch gut gemacht!

Für ca. 20 Stück

Für die Schalen

- *siehe Rezept Seite 12*
- *braune Lebensmittelfarbe*

Für die Creme

- *60 g Zucker*
- *20 g Butter, in kleinen Stücken*
- *90 g frische Sahne*
- *1 TL grobes Meersalz, zum Beispiel Fleur de Sel*

Olivenöl-Macarons

«Macarons à l'huile d'olive»

Für ca. 20 Stück

Für die Schalen

- *siehe Rezept Seite 12*
- *braune und grüne Lebensmittelfarbe*

Für die Ganache

- *½ Vanilleschote*
- *30 g frische Sahne*
- *100 g weiße Schokolade, in kleinen Stücken*
- *20 ml gutes Olivenöl*

Macaronschalen

Die Schalen werden nach dem BasisREZEPT S. 12 zubereitet. Färben Sie die Eiweißmasse mit grüner und brauner Lebensmittelfarbpaste oder -pulver olivgrün.

Olivenöl-Ganache

1. Schlitzen Sie die Vanilleschote der Länge nach auf und kratzen Sie das Mark heraus.
2. Die Sahne mit dem Vanillemark erhitzen und auf die Schokolade gießen. Das Olivenöl dazugeben und die Mischung gleichmäßig cremig rühren.
3. Die Ganache abdecken und jetzt 30 bis 45 Minuten im Kühlschrank abkühlen und fest werden lassen.
4. Danach mit einem Schneebesen kurz, aber kräftig schlagen, bis die Masse etwas heller und cremig-dickflüssig ist.
5. Die Ganache in einen Spritzbeutel (34 cm) mit Sterntülle (7 mm) geben und die Macaronschalen damit füllen.

Sie können auch noch auf die Ganache ein kleines Stückchen ungesalzene grüne oder schwarze Olive platzieren.

Große Macarons Paris-Berlin

«Macarons Paris-Berlin»

Für ca. 17 Stück

Für die Schalen

- siehe Rezept Seite 12
- alle Zutaten in doppelter Menge nehmen
- rote und grüne Lebensmittelfarbe

Für die Füllung

- 250 ml Milch
- 3 EL gemahlene Pistazien
- 3 Eigelbe
- 50 g Zucker
- 2 EL Speisestärke
- ca. 68 Himbeeren

Macarons sind klein. Manchmal deutlich zu klein, wenn man sie zum Beispiel als Nachspeise reichen möchte. Deshalb habe ich angefangen, größere Macarons zu backen. Dann hatte ich die Idee, zwei Geschmacksrichtungen zu vereinen, wie Himbeere und Pistazie. Und selbstverständlich habe ich dann auch die Macaronschalen zweifarbig gemacht. Nun kam die Frage, wie meine Kreation heißen sollte. Ich habe direkt an Frankreich und Deutschland gedacht. Aber das war ein bisschen lang, und auch zu pompös. Warum nicht irgendwas mit Paris und einer deutschen Stadt, ein bisschen wie Paris-Brest, einem bekannten französischen Gebäck. So kam ich auf Paris-Berlin.

Macaronschalen

Die Schalen werden nach dem *Basis*REZEPT S. 12 mit der doppelten Menge an Zutaten zubereitet. Zum Färben nehmen Sie rote und grüne Lebensmittelfarbpaste oder -pulver.
Eine Hälfte der Eiweißmasse rot färben, die andere grün. Für jede Farbe einen separaten Spritzbeutel nehmen (hierfür nehme ich gerne Einwegspritzbeutel) und diese gemeinsam in einen größeren Spritzbeutel mit einer großen Lochtülle geben.
Die zweifarbigen Macaronschalen mit einem Durchmesser von etwa 5 Zentimetern auf das Backpapier spritzen und 18 bis 20 Minuten bei 140 °C Ober- und Unterhitze backen.

Pistaziencreme mit Himbeeren

1. Die Milch mit den Pistazien aufkochen lassen.
2. Die Eigelbe mit dem Zucker schlagen, bis die Masse heller wird. Die Speisestärke hinzugeben.
3. Die Eigelb-Zucker-Masse in die Milch geben und bei mittlerer Hitze immer weiter rühren, bis alles dickflüssig ist.
4. Die Creme abdecken und für 30 bis 45 Minuten im Kühlschrank abkühlen und fest werden lassen.
5. Die abgekühlte Creme in einen Spritzbeutel (34 cm) mit Sterntülle (7 mm) füllen.
6. Auf die Hälfte der Macaronschalen jeweils ca. 4 Himbeeren legen und die Creme in die Zwischenräume spritzen. Die Macarons zusammensetzen und sofort vernaschen. (Großes Foto auf Seite 18, 19.)

Haben Sie noch Fragen?

Muss ich wirklich das Zucker-Mandel-Puder feiner mixen?

Macarons haben eine schöne glatte Oberfläche. Um sie so hinzubekommen, müssen die Zutaten sehr fein sein. Präziser gesagt, fein wie Puderzucker. Und weil die gemahlenen Mandeln, die man kaufen kann, nie regelmäßig fein sind, muss man sie noch einmal sehr sehr fein mahlen. Und sie müssen immer mit dem Puderzucker zusammen gemahlen werden, sonst würden Sie Mandelpaste bekommen!

Muss ich wirklich das Zucker-Mandel-Puder durch ein Sieb passieren?

Genau aus demselben Grund wie vorher, JA. Es ist eine sehr wichtige Etappe, weil es immer noch gröbere Stücke geben kann. Dann einfach diese noch einmal im Mixer zerkleinern.

Muss ich unbedingt das Eiweiß wiegen?

JA! Denn wenn man die Eier Größe M nimmt, kann es sein, dass das Eiweiß zu klein ist. 30 g Eiweiß sind zu wenig, aber 40 g zu viel. Es sollen 36 g sein (35 oder 37 sind Kulanzsache). Die Eier sollten nicht zu frisch sein. Am besten besorgt man sich die Eier 5 Tage vorher. Die französischen Konditoren trennen sogar Eiweiß und Eigelb 3 Tage vorher. Um dies zu umgehen, kann man die Eiweiße einen Tag zuvor trennen und in einer verschließbaren Dose im Kühlschrank aufbewahren.

Brauche ich für die Macaronschalen einen Spritzbeutel?

JA ! Man braucht einen Spritzbeutel, um schöne Macaronschalen zu formen. Mit einem Löffel können Sie nicht sauber arbeiten. Für die perfekte Form benötigen Sie eine einfache Lochtülle Größe 7 bis 9 mm! Benutzen Sie bitte keine Sterntüllen, sonst werden Ihre Macarons nicht richtig rund. Wenn Sie Schwierigkeiten haben, den Spritzbeutel zu füllen, können Sie ihn in ein großes Glas stellen und so stabilisieren. So lässt sich der Teig besser hineingießen.

Kann ich auch flüssige Lebensmittelfarbe nehmen?

Nein, der Teig wird dann zu flüssig und die Schalen gelingen nicht so gut. Es ist wichtig, Farbpaste oder -pulver zu verwenden.

Woher bekomme ich Lebensmittelfarbpuder oder -paste?

Ich bevorzuge Lebensmittelfarbpaste. Ich kaufe sie meistens im Internet oder in einem speziellen Backwarengeschäft. Mittlerweile findet man Farbpuder auch in großen Einkaufszentren. Farbpulver färben aber nicht so intensiv wie Paste. Es gibt auch natürliche Lebensmittelfarben. Sie färben nicht sehr intensiv, sind aber geschmacksneutral.

Was ist besser: Backpapier oder Silikonmatte?

Ich bin ein Fan von Silpat, der professionellen Silikonmatte. Die Macarons bleiben schön kreisformig und sie bekommen einen schönen Fuß. Es gibt Silikonmatten von jeder Marke und in vielen Farben zu kaufen. Aber ich muss gestehen, dass die Macarons auf Backpapier besser backen und sich besser lösen. Ich habe den Eindruck, dass die Macarons besser „atmen" und so gleichmäßiger backen. Nachteil ist aber, dass die Macarons nicht so gleichmäßig rund bleiben wie auf der Backmatte. Unnötig sind in meinen Augen aber die Macarons-Backmatten mit den runden Einstanzungen.

Müssen die Macarons ruhen, bevor man sie bäckt?

Ja. Während dieser Ruhezeit kann sich eine leichte Kruste auf der Oberfläche bilden. Die Ruhezeit heißt auf Französisch sogar „le croûtage", also Verkrustung. Die Ruhephase sollte aber nicht zu lang werden, sonst wird die Kruste zu dick, und nicht zu kurz, sonst bildet sich keine Kruste. Nach meiner Erfahrung gibt es eine minimale Ruhezeit von 15 Minuten bis maximal 40 Minuten. Aber es ist auch vom Wetter abhängig. Ich lasse meine Macarons grundsätzlich 30 Minuten ruhen, und es klappt optimal.

Wie lange soll ich die Macaronschalen backen und wie heiß?

Ich empfehle, den Backofen auf 150 °C vorzuheizen, und dann die Macarons für 15 Minuten bei 140-145 °C Ober- und Unterhitze zu backen (das Zeichen für Ober- und Unterhitze sind zwei parallele waagerechte Linien). So mache ich es jetzt mit meinem neuen Backofen. Bei meinem alten Backofen hatte ich gute Ergebnisse beim Backen mit Umluft (8 Minuten bei 150 °C).

Kann ich mehrere Backbleche mit Macarons gleichzeitig backen?

Ich würde Ihnen abraten, alles gleichzeitig zu backen. Da die Hitze dann nicht gleichmäßig verteilt wird, würden viele Macarons Risse bekommen.

Kann ich auch Kuvertüre für die Ganache nehmen?

Nein, Sie sollten Ihre Lieblingsschokolade verwenden und keine Kuvertüre, da deren Fettanteil zu hoch ist und die Ganache dadurch nicht fest genug wird.

Kann ich auch die haltbare Sahne nehmen?

Nein, bei der Wahl der Sahne ist es besser, frische Schlagsahne aus der Kühltheke zu verwenden, statt der ultrahocherhitzen und ungekühlten Version. Sonst wird die Ganache ebenfalls nicht fest genug.

Wann sie die Macarons bereit zum Naschen?

Man kann die Macarons nach dem Füllen essen, aber besser ist es, wenn man sie mindestens 3 bis 4 Stunden im Kühlschrank ziehen lässt. Danach sind sie außen knusprig und innen macaronsweich.

Wie kann man die Macarons aufbewahren?

Macarons mit Schokoladenganache kann man 4 bis 5 Tage im Kühlschrank aufbewahren.

Macarons mit Obstganache sollten unbedingt im Kühlschrank aufbewahrt werden, maximal 3 Tage.

Kann ich Macaronschalen auf Vorrat zubereiten?

Die Schalen kann man 1 Woche in einer Dose aufbewahren. Es ist aber auch möglich, sie einzufrieren.

Warum bekommen meine Macaronschalen Risse?

Dafür gibt es mehrere mögliche Gründe:

- Die Schalenmasse hat vor dem Backen nicht lange genug geruht, dadurch konnte sich keine Kruste bilden.
- Im Teig war zu viel Luft enthalten. Der Teig wurde nicht ordentlich oder nicht lange genug bearbeitet.
- Die Macarons haben zu viel Hitze bekommen. Versuchen Sie es mit etwas weniger Hitze und backen Sie sie stattdessen ein bisschen länger.

Warum bleiben meine Macaronschalen am Backpapier kleben?

Weil sie nicht durchgebacken bzw. nicht abgekühlt sind. Wenn man die Macaronschalen aus dem Backofen nimmt, sind sie noch leicht klebrig. Nach 5 Minuten sind sie abgekühlt und lösen sich von alleine vom Backpapier, ohne zu kleben.

Warum bekommen meine Macaronschalen nicht diese kleinen Füßchen?

Weil Sie den Teig zu kräftig oder zu lange bearbeitet haben – oder weil Sie die Macaronschalen etwas ungeschickt mit dem Spritzbeutel geformt haben.

Warum bekommen meine Macaronschalen kleine Füßchen und fallen dann zusammen?

Weil Ihr Backofen nicht heiß genug ist. Wenn die Macarons aufgehen, entstehen die kleinen Füßchen. Wenn aber der Deckel schneller gebacken und dadurch schwerer wird, kann der noch nicht gebackene Fuß das Gewicht nicht halten und fällt zusammen. Sie sollten Ihren Backofen auf 150 °C vorheizen und auf 145 °C senken, sobald Sie die Macarons hineingeben.

Warum sind meine Macaronschalen nicht schön glatt?

Weil Sie das Mandel-Zuckergemisch nicht gemahlen oder nicht durch ein Sieb passiert haben. Oder weil der Teig nicht gut genug bearbeitet worden ist.

Warum sind meine Macaronschalen hart?

Weil sie zu lange oder zu heiß gebacken worden sind. Aber das ist nicht weiter schlimm. Wenn Sie die Macarons mit der Ganache füllen und noch eine Nacht ziehen lassen, werden sie perfekt sein.

Warum sind meine Macaronschalen weich und klebrig?

Weil sie nicht lang genug gebacken wurden oder weil sie nicht abgekühlt sind.

Warum sind meine Macaronschalen ganz flach geworden?

Weil das Eiweiß nicht gewogen wurde und der Teig zu viel Eiweiß enthält oder weil dieses nicht steif genug geschlagen wurde. Macarons können auch flach werden, wenn der Teig zu lange bearbeitet wurde.

Warum sind meine Macaronschalen hohl?

Weil Sie die Baisermasse nicht steif genug geschlagen haben oder das Eiweiß zu frisch war.

Rezeptverzeichnis

Alphabetisches Rezeptverzeichnis

ISBN 978-3-517-10089-0

3. Auflage 2024

© by Südwest Verlag, einem Unternehmen der Penguin Random House Verlagsgruppe GmbH, Neumarkter Str. 28, 81673 München
© der Originalausgabe 2013 by Bassermann Inspiration, einem Unternehmen der Penguin Random House Verlagsgruppe GmbH, Neumarkter Str. 28, 81673 München

Die Verwertung der Texte und Bilder, auch auszugsweise, ist ohne Zustimmung des Verlags urheberrechtswidrig und strafbar. Dies gilt auch für Vervielfältigungen, Übersetzungen, Mikroverfilmung und für die Verarbeitung mit elektronischen Systemen.

Umschlaggestaltung: Atelier Versen, Bad Aibling
Innenlayout: Katharina Schweissguth, Visuelle Kommunikation, München
Fotos: Aurélie Bastian, Salzatal
Bildredaktion: Sabine Kestler
Herstellung: Elke Cramer
Projektleitung: Anja Halveland

Die Ratschläge in diesem Buch sind von der Autorin und vom Verlag sorgfältig erwogen und geprüft, dennoch kann eine Garantie nicht übernommen werden. Eine Haftung der Autorin bzw. des Verlags und seiner Beauftragten für Personen-, Sach- und Vermögensschäden ist ausgeschlossen.

Der Verlag behält sich die Verwertung der urheberrechtlich geschützten Inhalte dieses Werkes für Zwecke des Text- und Data-Minings nach § 44 b UrhG ausdrücklich vor. Jegliche unbefugte Nutzung ist hiermit ausgeschlossen.

Satz: trans texas publishing, Köln
Reproduktion: Artilitho snc, Lavis (Trento)
Druck und Verarbeitung: DZS Grafik d.o.o., Ljubljana

Printed in Slovenia

FSC www.fsc.org
MIX
Papier | Fördert gute Waldnutzung
FSC® C106600

Penguin Random House Verlagsgruppe FSC® N001967

MEHR VON AURÉLIE BASTIAN

176 Seiten | ISBN: 978-3-517-09533-2

Für typisch französisches Gebäck muss man viele Stunden in der Küche stehen? Nicht mit den Tipps und Tricks von Aurélie Bastian! Sie erklärt, wie man mit wenig Aufwand und nur wenigen Zutaten authentische und köstliche Klassiker wie Brioche oder Baguette zaubert.

160 Seiten | ISBN: 978-3-517-09793-0

Wenn die Franzosen Freunde einladen, machen sie nicht viel Aufhebens darum. Man bewirtet mit unkomplizierten Gerichten und nimmt sich Zeit für die Gäste. Mit diesem Buch von Aurélie Bastian zaubern auch Sie ohne Stress und stundenlanges Kochen köstliches Partyfood.

Mehr Infos unter suedwest-verlag.de

südwest